¡Animales bebés en la naturaleza!

Cachorros de mapache en la naturaleza

por Katie Chanez

Ideas para padres y maestros

Bullfrog Books permite a los niños practicar la lectura de textos informativos desde el nivel principiante. Las repeticiones, palabras conocidas y descripciones en las imágenes ayudan a los lectores principiantes.

Antes de leer

- Hablen acerca de las fotografías. ¿Qué representan para ellos?
- Consulten juntos el glosario de las fotografías. Lean las palabras y hablen de ellas.

Durante la lectura

- Hojeen el libro y observen las fotografías. Deje que el niño haga preguntas. Muestre las descripciones en las imágenes.
- Léale el libro al niño o deje que él o ella lo lea independientemente.

Después de leer

- Anime al niño para que piense más. Pregúntele: Los cachorros de mapache viven en una madriguera. ¿Puedes nombrar otros animales que viven en madrigueras?

Bullfrog Books are published by Jump!
5357 Penn Avenue South
Minneapolis, MN 55419
www.jumplibrary.com

Library of Congress Cataloging-in-Publication Data

Names: Chanez, Katie, author.
Title: Cachorros de mapache en la naturaleza / por Katie Chanez.
Other titles: Raccoon cubs in the wild. Spanish
Description: Minneapolis, MN: Jump!, Inc., [2024]
Series: ¡Animales bebés en la naturaleza!
Includes index.
Audience: Ages 5–8
Identifiers: LCCN 2022061233 (print)
LCCN 2022061234 (ebook)
ISBN 9798885248471 (hardcover)
ISBN 9798885248488 (paperback)
ISBN 9798885248495 (ebook)
Subjects: LCSH: Raccoon—Infancy—Juvenile literature.
Classification: LCC QL737.C26 C4318 2024 (print)
LCC QL737.C26 (ebook)
DDC 599.76/321392—dc23/eng/20230106

Editor: Eliza Leahy
Designer: Molly Ballanger
Translator: Annette Granat

Photo Credits: Tyler Plum/Shutterstock, cover; Eric Isselee/Shutterstock, 1, 3 (raccoon); Sonsedska Yuliia/Shutterstock, 3 (cub), 8, 23br, 24; Farzad Darabi/Shutterstock, 4; Design Pics/SuperStock, 5, 23tl; Morales/age fotostock/SuperStock, 6–7, 23bl; Agnieszka Bacal/Shutterstock, 9; skhoward/iStock, 10–11, 23tr; marcophotos/iStock, 12–13; Suzi Eszterhas/Minden Pictures/SuperStock, 14–15; Warren Metcalf/Shutterstock, 16; Design Pics Inc/Alamy, 17; Rinus Baak/Dreamstime, 18–19; Rolf Nussbaumer Photography/Alamy, 20–21; Anton Vierietin/Shutterstock, 22.

Printed in the United States of America at Corporate Graphics in North Mankato, Minnesota.

Tabla de contenido

Cola anillada

Una mamá mapache se trepa a un árbol.

¿Por qué?

Su madriguera está dentro de este.

Sus cachorros están adentro.
cachorro

Los cachorros están a salvo en la madriguera.

Ellos crecen.

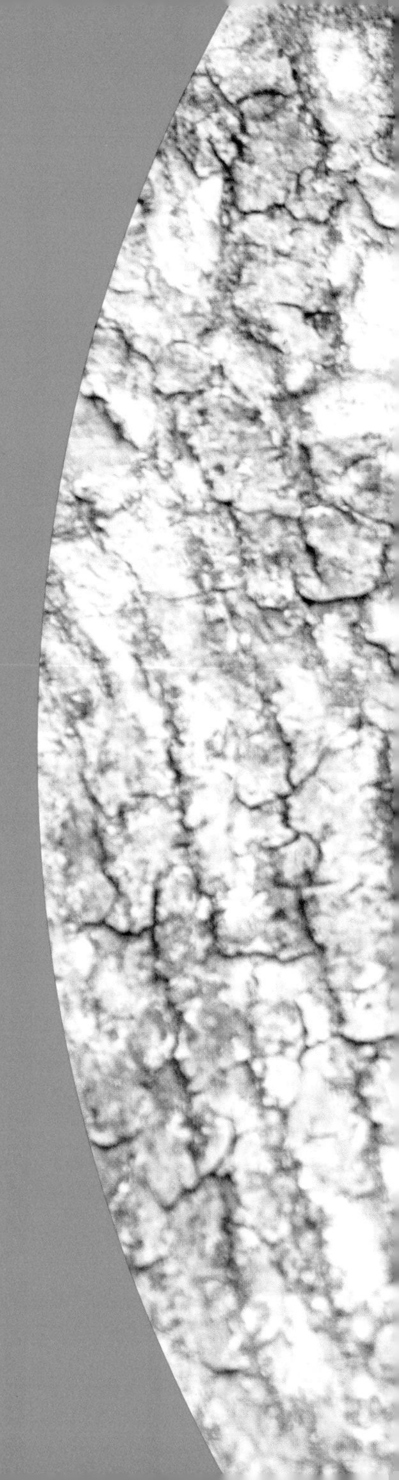

Un cachorro tiene una máscara.

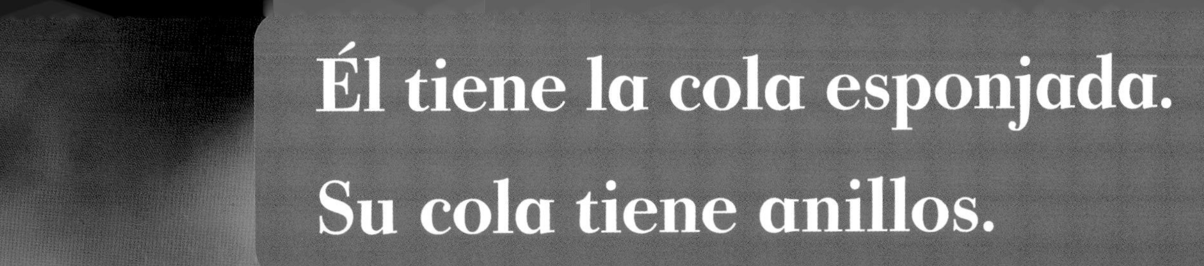

Él tiene la cola esponjada.
Su cola tiene anillos.

Los cachorros exploran.

Ellos se trepan a los árboles.

¡Ellos juegan!

Ellos encuentran huevos para comer.

¿Cómo?

¡Mamá les enseña!

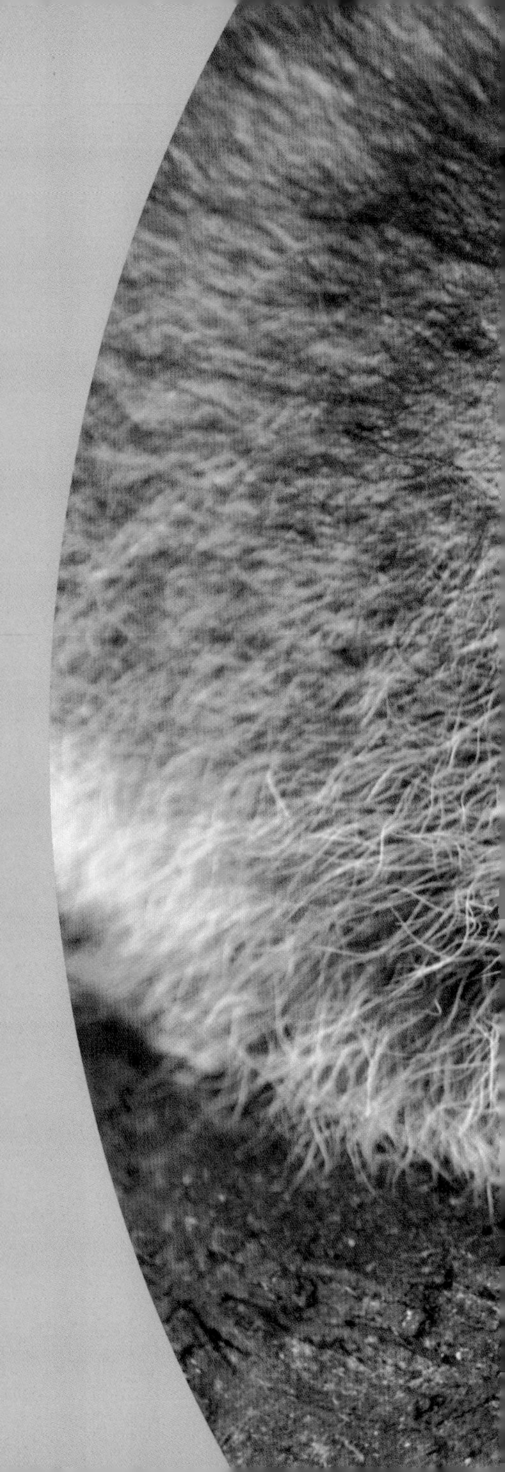

huevo

Los cachorros aprenden a pescar.

¡Él pescó uno!

Los cachorros crecen.

Ellos se quedan con mamá durante el invierno.

¡Brrr!

cangrejo
de río

En la primavera, se van a vivir solos.

Ellos encuentran muchos alimentos para comer.

¡Mmm!

Las partes de un cachorro de mapache

¿Cuáles son las partes de un cachorro de mapache? ¡Échales un vistazo!

Glosario de fotografías

cachorros
Mapaches bebés.

exploran
Viajan y miran alrededor para descubrir cosas.

madriguera
El hogar de un animal salvaje.

máscara
Una cubierta que sirve para esconder, proteger o disfrazar la cara.

Índice

Para aprender más

Aprender más es tan fácil como contar de 1 a 3.

1. Visita www.factsurfer.com
2. Escribe "cachorrosdemapache" en la caja de búsqueda.
3. Elige tu libro para ver una lista de sitios web.